Vorwort

Kunterbunte Frühlings Leckereien nach Low Carb. Wer denkt, erfrischend, süß und lecker geht nicht bei Low Carb, der hat keine Ahnung. Man kann alles auf raffinierte Art und Weise nachbauen, so kann man süße Leckereien schlemmen und gleichzeitig abnehmen. Wer auf süß, frisch und fruchtig steht und zudem eine Low Carb Diät macht, sollte sich mein Buch ansehen und sich fit durch den Frühling schlemmen.

Ich wünsche Ihnen viel Spaß mit meinem Buch.

Herstellung und Verlag:
BoD - Books on Demand, Norderstedt
ISBN 978-3-8370-5132-2

Inhaltsangabe

Nachtisch
Bayerisch Creme
Vanille Mascarpone
Heidelbeere Mascarpone
Himbeere Mascarpone
Walnuss Mascarpone
Kokosmilch Eis
Kokosmilch Rum Eis
Mandelmilch Eis
Mandel Eis
Pistazien Eis
Erdbeere Balsamico Eis
Brombeere Joghurt Eis
Zitronen Pfefferminz Eis
Chai Tee Sahne Eis
Gebrannte Mandeln Eis
Himbeere Buttermilch Eis
Ceylon Tee Eis
Würziges Zimt Eis

Gebäck
Schoko Mandel Makronen
Kokos Makronen
Butter Waffeln
Marzipan Waffeln
Walnuss Waffeln
Erdnussbutter Plätzchen
Mandelmus Plätzchen
Schoko Cookies
Orangen Schoko Cookies
Marzipan Schoko Cookies
Vanille Wölkchen

Gebrannte Mandeln
Brownies
Mandel Cupcakes mit Vanille Häubchen
Schokolade Himbeere Cupcakes
Erdbeer Schmand Torte
Saftige Kaffee Creme Torte
Sahne Schokoladen Torte
Heidelbeere Kokos Torte

Getränke
Erdbeer Smoothie
Beeren Smoothie
Heidelbeere Joghurt Smoothie
Bananen Smoothie

Macadamia Brownies
Mandel Rum Brownies
Himbeere Macarons
Bananen Macarons
Oster Zopf
Oster Herzen
Zitronen Plätzchen
Schoko Plätzchen
Vanille Taler
Orangen Taler
Cantuccini
Kokos Kuchen

Käse Kuchen
Käse Erdbeer Kuchen
Beschwipster Kuchen
Frühstücks Pfannkuchen
Mandelbrot
Oster Quarkbrot
Schokoladen Zitronen Cupcakes
Schokoladen Himbeere Cupcakes
Kokos Cupcakes
Blaubeere Cupcakes mit Vanille Häubchen

Süßigkeiten

Cola Fläschchen

Zutaten:
250 ml Cola light
½ TL Agar Agar
1 Pck. Zitronen Götterspeise
ohne Zucker

Zubereitung:
30 ml der Cola in ein Gefäß geben und mit dem Agar
Agar anrühren. Die restliche Flüssigkeit aufkochen und
das gelöste Agar Agar unterrühren. Das Götterspeise
Pulver einrühren.

Die Masse entweder in ein flaches Gefäß füllen und nach
dem Erkalten in Würfel schneiden oder in passende
Formen gießen.

Guten Appetit!

Himbeere Chili Gummitiere

Zutaten:
250 ml Wasser
½ TL Agar Agar
1 Pck. Himbeere Götterspeise
ohne Zucker
1 gute Prise Chili

Zubereitung:

30 ml des Wassers in ein Gefäß geben und mit dem Agar Agar anrühren. Die restliche Flüssigkeit aufkochen und das gelöste Agar Agar unterrühren. Das Götterspeise Pulver einrühren. Eine Prise Chili einrühren.

Die Masse entweder in ein flaches Gefäß füllen und nach dem Erkalten in Würfel schneiden oder in passende Formen gießen.

Guten Appetit!

Waldmeister Vanille Weingummi

Zutaten:
250 ml Wasser
½ TL Agar Agar
1 Pck. Waldmeister Götterspeise
ohne Zucker
Mark einer Vanilleschote

Zubereitung:
30 ml des Wassers in ein Gefäß geben und mit dem Agar
Agar anrühren. Die restliche Flüssigkeit aufkochen und
das gelöste Agar Agar unterrühren. Das Götterspeise
Pulver einrühren. Das Mark aus der Vanilleschote
auskratzen und in die Flüssigkeit einrühren.

Die Masse entweder in ein flaches Gefäß füllen und nach
dem Erkalten in Würfel schneiden oder in passende
Formen gießen.

Guten Appetit!

Grüntee Blätter

Zutaten:
250 ml Grüntee, stark
Süßstoff nach Geschmack
½ TL Agar Agar
1 Pck. Gelatine, gemahlen für
500 ml Flüssigkeit

Zubereitung:
30 ml des Wassers in ein Gefäß geben und mit dem Agar Agar und der Gelatine anrühren. Die restliche Flüssigkeit aufkochen und das gelöste Agar Agar und die Gelatine unterrühren.

Die Masse entweder in ein flaches Gefäß füllen und nach dem Erkalten in Würfel schneiden oder in passende Formen gießen.

Guten Appetit!

Ingwer Stäbchen

Zutaten:
250 ml Ingwer Tee, stark
1 große Prise Ingwer, gemahlen
Süßstoff nach Geschmack
½ TL Agar Agar
1 Pck. Gelatine, gemahlen für
500 ml Flüssigkeit

Zubereitung:
30 ml des Wassers in ein Gefäß geben und mit dem Agar
Agar und der Gelatine anrühren. Die restliche Flüssigkeit
aufkochen und das gelöste Agar Agar und die Gelatine
unterrühren. Nun das Ingwer Pulver unterrühren.

Die Masse entweder in ein flaches Gefäß füllen und nach
dem Erkalten in Würfel schneiden oder in passende
Formen gießen.

Guten Appetit!

Schwarztee Zitrone Gummitiere

Zutaten:
250 ml Schwarztee, stark
1 EL Zitronensaft
Süßstoff nach Geschmack
½ TL Agar Agar
1 Pck. Gelatine, gemahlen für
500 ml Flüssigkeit

Zubereitung:
30 ml des Wassers in ein Gefäß geben und mit dem Agar Agar und der Gelatine anrühren. Die restliche Flüssigkeit aufkochen und das gelöste Agar Agar und die Gelatine unterrühren. Zitronensaft unterrühren.

Die Masse entweder in ein flaches Gefäß füllen und nach dem Erkalten in Würfel schneiden oder in passende Formen gießen.

Guten Appetit!

Orangen Marzipan Kartoffeln

Zutaten:
200 g Mandeln, gemahlen
1 EL abgeriebene Schale einer Bio Orange
1 Eiweiß
Süßstoff nach Geschmack
1 Fläschchen Bittermandelaroma
etwas Kakaopulver
(Backkakao)

Zubereitung:
Alle Zutaten außer dem Kakaopulver in eine Schüssel
geben. Sollte die Masse noch zu trocken sein, etwas
Wasser hinzugeben. Aus der Masse Marzipankartoffeln
formen und in das Kakaopulver wenden. Im Kühlschrank
aufbewahren.

Guten Appetit!

Marzipan Kartoffeln

Zutaten:
200 g Mandeln, gemahlen
1 Eiweiß
Süßstoff nach Geschmack
1 Fläschchen Bittermandelaroma
etwas Kakaopulver
(Backkakao)

Zubereitung:
Alle Zutaten außer dem Kakaopulver in eine Schüssel
geben. Sollte die Masse noch zu trocken sein, etwas
Wasser hinzugeben. Aus der Masse Marzipankartoffeln
formen und in das Kakaopulver wenden. Im Kühlschrank
aufbewahren.

Guten Appetit!

Kokos Kugeln

Zutaten:
200 g Kokos, gemahlen
100 g Butter, weich
Süßstoff nach Geschmack
20 g Sahne
100 g Kokosflocken

Zubereitung:
Alle Zutaten außer Kokosraspeln in eine Schüssel geben.
Sollte die Masse noch zu trocken sein, etwas Wasser
hinzugeben. Aus der Masse Kugeln formen und in die
Kokosflocken wenden. Im Kühlschrank aufbewahren.

Guten Appetit!

Rum Kugeln

Zutaten:
150 g Mandeln, gemahlen
50 g Kakaopulver
100 g Butter, weich
20 g Sahne
Süßstoff nach Geschmack
1 Fläschchen Rumaroma
etwas Kakaopulver zum Wälzen
(Backkakao)

Zubereitung:
Alle Zutaten außer dem Kakaopulver zum Wälzen in
eine Schüssel geben. Aus der Masse Kugeln formen und
in das Kakaopulver wenden. Im Kühlschrank
aufbewahren.

Guten Appetit!

Schoko Pfeffer Kugeln

Zutaten:
150 g Mandeln, gemahlen
50 g Kakaopulver
100 g Butter, weich
20 g Sahne
Süßstoff nach Geschmack
½ TL schwarzer Pfeffer aus der Mühle
etwas Kakaopulver zum Wälzen
(Backkakao)

Zubereitung:
Alle Zutaten außer dem Kakaopulver zum Wälzen in
eine Schüssel geben. Aus der Masse Kugeln formen und
in das Kakaopulver wenden. Im Kühlschrank
aufbewahren.

Guten Appetit!

Haselnuss Kugeln

Zutaten
Teig
200 g Haselnüsse
gemahlen
1 TL Zimt
50 g Butter weich
1 EL Sahne
Süßstoff nach Geschmack
3 TL Eiweißpulver

Dekor
2 EL Haselnüsse gesplittert
kurz in der Pfanne anrösten
1 EL Streusüße
1 TL Zimt

Zubereitung
Alle Teigzutaten in eine Schüssel geben und verkneten.
Dann den Teig zu Kügelchen rollen. Die Zutaten für das
Dekor in ein Schälchen geben und vermischen. Die
Kugeln darin wälzen. Im Kühlschrank aufbewahren.

Kaffee Schokolade

Zutaten:
250 g Kakaobutter
4 Kaffeebohnen, gemahlen
120 g Erythritol
Mark einer Vanilleschote
Süßstoff nach Geschmack
130 g Backkakao

Zubereitung:
Ein Wasserbad vorbereiten und die Kakaobutter darin schmelzen. Nun die übrigen Zutaten hinzufügen und alles miteinander verrühren. In eine Form geben und abkühlen lassen.

Guten Appetit!

Pistazien Schokolade

Zutaten:
250 g Kakaobutter
50 g Pistazien, gehackt
120 g Erythritol
Mark einer Vanilleschote
Süßstoff nach Geschmack
130 g Backkakao

Zubereitung:
Ein Wasserbad vorbereiten und die Kakaobutter darin schmelzen. Nun die übrigen Zutaten hinzufügen und alles miteinander verrühren. In eine Form geben und abkühlen lassen.

Guten Appetit!

Walnuss Schokolade

Zutaten:
250 g Kakaobutter
50 g Walnüsse, gehackt
20 g Walnüsse, gemahlen
120 g Erythritol
Mark einer Vanilleschote
Süßstoff nach Geschmack
130 g Backkakao

Zubereitung:
Ein Wasserbad vorbereiten und die Kakaobutter darin
schmelzen. Nun die übrigen Zutaten hinzufügen und alles
miteinander verrühren. In eine Form geben und abkühlen
lassen.

Guten Appetit!

Kokos Schokolade

Zutaten:
250 g Kakaobutter
50 g Kokosflocken
120 g Erythritol
Mark einer Vanilleschote
Süßstoff nach Geschmack
130 g Backkakao

Zubereitung:
Ein Wasserbad vorbereiten und die Kakaobutter darin schmelzen. Nun die übrigen Zutaten hinzufügen und alles miteinander verrühren. In eine Form geben und abkühlen lassen.

Guten Appetit!

Rum Schokolade

Zutaten:
250 g Kakaobutter
1 Fläschchen Rumaroma
120 g Erythritol
Mark einer Vanilleschote
Süßstoff nach Geschmack
130 g Backkakao

Zubereitung:
Ein Wasserbad vorbereiten und die Kakaobutter darin schmelzen. Nun die übrigen Zutaten hinzufügen und alles miteinander verrühren. In eine Form geben und abkühlen lassen.

Guten Appetit!

Mandelberge

Zutaten
200 g Mandeln gestiftet
2 EL Sahne
200 g Schokolade 85 %

Zubereitung
Die Schokolade im Wasserbad schmelzen. Die Mandeln
und die Sahne unterrühren. Ein Blech mit Backpapier
belegen und kleine Häufchen der Masse darauf setzen.
Im Kühlschrank stellen und fest werden lassen.

Nachtisch

Bayerisch Creme

Zutaten:
500 g Erdbeeren, frisch
500 g Sahne, geschlagen
8 Eigelbe
3 TL Süßstoff, flüssig
10 Blatt Gelatine
1 Fläschchen Rumaroma

Zubereitung:
Die Gelatine nach Anweisung auf der Packung
einweichen. Mit einen Topf und eine Schüssel ein
Wasserbad bauen und das Wasser erwärmen, es darf
jedoch nicht kochen. In die leere Schüssel die Eigelbe,
Süßstoff und Rumaroma geben. Aufschlagen, bis alles
eine festere Konsistenz hat. Die Schüssel vom Kochtopf
nehmen. Die Gelatine ausdrücken. Kalt weiterrühren. Die
Erdbeeren pürieren und einrühren. Vorsichtig die Sahne
unterheben. Alles in Portionsschälchen füllen und
mindestens 4 Stunden kaltstellen.

Vanille Mascarpone

Zutaten:
500 g Mascarpone
200 g geschlagene Sahne
Süßstoff nach Geschmack
Mark einer Vanille Schote

Zubereitung:
Die Mascarpone und die Sahne in eine Schüssel geben.
Alles vorsichtig unterheben. Die Vanille Schote
auskratzen und das Mark hinzugeben. Alles nach
Geschmack süßen und servieren.

Heidelbeere Mascarpone

Zutaten:
500 g Mascarpone
100 g Heidelbeeren, frisch
200 g geschlagene Sahne
Süßstoff nach Geschmack
Mark einer Vanille Schote

Zubereitung:
Die Mascarpone und die Sahne in eine Schüssel geben.
Alles vorsichtig unterheben. Die Vanille Schote
auskratzen und das Mark hinzugeben. Alles nach
Geschmack süßen und servieren.

Himbeere Mascarpone

Zutaten:
500 g Mascarpone
200 g geschlagene Sahne
100 g Himbeeren, frisch
Süßstoff nach Geschmack
Mark einer Vanille Schote

Zubereitung:
Die Mascarpone und die Sahne in eine Schüssel geben.
Alles vorsichtig unterheben. Die Vanille Schote
auskratzen und das Mark hinzugeben. Alles nach
Geschmack süßen und servieren.

Walnuss Mascarpone

Zutaten:
500 g Mascarpone
200 g geschlagene Sahne
200 g Walnüsse, gemahlen
Süßstoff nach Geschmack
Mark einer Vanille Schote

Zubereitung:
Die Mascarpone und die Sahne in eine Schüssel geben.
Alles vorsichtig unterheben. Die Vanille Schote
auskratzen und das Mark hinzugeben. Nun die Walnüsse
hinzugeben und die Masse verrühren. Alles nach
Geschmack süßen und servieren.

Kokosmilch Eis

Zutaten:
500 g Kokosmilch
50 g Kokosraspeln
Saft einer Zitrone
Süßstoff nach Geschmack
50 g Kokosöl

Zubereitung:
Alle Zutaten in einen Kochtopf geben und kurz
aufkochen. 1 Stunde im Kühlschrank abkühlen lassen.
Alles in die Eismaschine geben und so lange verarbeiten
lassen, bis das Eis eine gute Konsistenz hat.

Guten Appetit!

Kokosmilch Rum Eis

Zutaten:
500 g Kokosmilch
50 g Kokosraspeln
Saft einer Zitrone
1 Fläschchen Rumaroma
Süßstoff nach Geschmack
50 g Kokosöl

Zubereitung:
Alle Zutaten in einen Kochtopf geben und kurz
aufkochen. 1 Stunde im Kühlschrank abkühlen lassen.
Alles in die Eismaschine geben und so lange verarbeiten
lassen, bis das Eis eine gute Konsistenz hat.

Guten Appetit!

Mandelmilch Eis

Zutaten:
500 g Mandelmilch
150 g Mandeln, gemahlen
Süßstoff nach Geschmack
50 g Kokosöl

Zubereitung:
Alle Zutaten in einen Kochtopf geben und kurz
aufkochen. 1 Stunde im Kühlschrank abkühlen lassen.
Alles in die Eismaschine geben und so lange verarbeiten
lassen, bis das Eis eine gute Konsistenz hat.

Guten Appetit!

Mandel Eis

Zutaten:
400 g Sahne, flüssig
200 g Sojamilch
100 g Mandeln, gemahlen
1 Fläschchen Bittermandel Aroma
Saft einer Zitrone
Süßstoff nach Geschmack
50 g Kokosöl

Zubereitung:
Alle Zutaten in einen Kochtopf geben und kurz
aufkochen. 1 Stunde im Kühlschrank abkühlen lassen.
Alles in die Eismaschine geben und so lange verarbeiten
lassen, bis das Eis eine gute Konsistenz hat.

Guten Appetit!

Pistazien Eis

Zutaten:
400 g Sahne, flüssig
200 g Sojamilch
100 g Pistazien, gemahlen
Mark einer Vanille Schote
Süßstoff nach Geschmack
50 g Kokosöl

Zubereitung:
Alle Zutaten in einen Kochtopf geben und kurz
aufkochen. 1 Stunde im Kühlschrank abkühlen lassen.
Alles in die Eismaschine geben und so lange verarbeiten
lassen, bis das Eis eine gute Konsistenz hat.

Guten Appetit!

Erdbeere Balsamico Eis

Zutaten:
400 g Sahne, flüssig
100 g Sojamilch
150 g Erdbeeren, in Stücken
1 EL Balsamico Essig
Saft einer Zitrone
Süßstoff nach Geschmack
50 g Kokosöl

Zubereitung:
Alle Zutaten in einen Kochtopf geben und kurz
aufkochen. 1 Stunde im Kühlschrank abkühlen lassen.
Alles in die Eismaschine geben und so lange verarbeiten
lassen, bis das Eis eine gute Konsistenz hat.

Guten Appetit!

Brombeere Joghurt Eis

Zutaten:
200 g Brombeeren, zerkleinert
200 g Naturjoghurt
3 Eigelbe
Süßstoff
300 g Sahne

Zubereitung:
Etwa 3 Teelöffel Süßstoff mit dem Eigelb schlagen. Die
Sahne steif schlagen. Nun die übrigen Zutaten
hinzugeben und vermischen. Eventuell nochmals etwas
nachsüßen. In eine Eismaschine geben, bis das Eis
gefroren ist.

Zitronen Pfefferminz Eis

Zutaten:
Saft einer Zitrone
1 EL abgeriebene Zitronenschale
100 g Pfefferminztee, stark
3 Eigelbe
Süßstoff
500 g Sahne

Zubereitung:

Etwa 3 Teelöffel Süßstoff mit dem Eigelb schlagen. Die Sahne steif schlagen. Nun die übrigen Zutaten hinzugeben und vermischen. Eventuell nochmals etwas nachsüßen. In eine Eismaschine geben, bis das Eis gefroren ist.

Chai Tee Sahne Eis

Zutaten:
100 g Chai Tee, stark
3 Eigelbe
Süßstoff
500 g Sahne

Zubereitung:
Etwa 3 Teelöffel Süßstoff mit dem Eigelb schlagen. Die
Sahne steif schlagen. Nun die übrigen Zutaten
hinzugeben und vermischen. Eventuell nochmals etwas
nachsüßen. In eine Eismaschine geben, bis das Eis
gefroren ist.

Gebrannte Mandeln Eis

Zutaten:
100 g Mandeln
in 1 EL Öl in der Pfanne
anbraten, mit Zimt bestäuben
und abkühlen lassen.
Dann die Mandeln klein hacken
100 g Mandeln, gemahlen
3 Eigelbe
Süßstoff
500 g Sahne

Zubereitung:
Etwa 3 Teelöffel Süßstoff mit dem Eigelb schlagen. Die
Sahne steif schlagen. Nun die übrigen Zutaten
hinzugeben und vermischen. Eventuell nochmals etwas
nachsüßen. In eine Eismaschine geben, bis das Eis
gefroren ist.

Himbeer Buttermilch Eis

Zutaten:
200 g Himbeeren, zerkleinert
3 Eigelbe
Süßstoff
300 g Sahne
200 g Buttermilch

Zubereitung:
Etwa 3 Teelöffel Süßstoff mit dem Eigelb schlagen. Die
Sahne steif schlagen. Nun die übrigen Zutaten
hinzugeben und vermischen. Eventuell nochmals etwas
nachsüßen. In eine Eismaschine geben, bis das Eis
gefroren ist.

Ceylon Tee Eis

Zutaten
200 g starker Ceylon Tee
Süßstoff
400 g Sahne
3 Eigelbe
Saft einer Zitrone

Zubereitung
Tee, Eigelbe, Zitronensaft, Süßstoff nach Geschmack in
eine Schüssel geben und kurz aufschlagen. Die Sahne in
eine andere Schüssel geben und steif schlagen. Mit den
übrigen Zutaten vermengen und in die Eismaschine
füllen.

Würziges Zimt Eis

Zutaten:
½ TL Zimt
50 g Walnüsse, gemahlen
Mark einer Vanille Schote
3 Eigelbe
Süßstoff
500 g Sahne

Zubereitung:
Etwa 3 Teelöffel Süßstoff mit dem Eigelb schlagen. Die Sahne steif schlagen. Nun die übrigen Zutaten hinzugeben und vermischen. Eventuell nochmals etwas nachsüßen. In eine Eismaschine geben, bis das Eis gefroren ist.

Gebäck

Schoko Mandel Makronen

Zutaten:
2 Eiweiße, sehr steif geschlagen
120 g Sukrin
130 g gemahlene Mandeln
1 EL gehackte Mandeln
2 EL Backkakao

Zubereitung:
Das steif geschlagene Eiweiß in eine Schüssel geben. Die übrigen Zutaten unterrühren. Ein Backblech mit Backpapier auslegen. Ca. 20 Häufchen des Teiges darauf verteilen. Bei 150 Grad Umluft ca. 20 Minuten backen.

Kokos Makronen

Zutaten:
2 Eiweiße, sehr steif geschlagen
120 g Sukrin
130 g gemahlene Kokosflocken
1 EL Kokosflocken

Zubereitung:
Das steif geschlagene Eiweiß in eine Schüssel geben. Die übrigen Zutaten unterrühren. Ein Backblech mit Backpapier auslegen. Ca. 20 Häufchen des Teiges darauf verteilen. Bei 150 Grad Umluft ca. 20 Minuten backen.

Butter Waffeln

Zutaten:
200 g weiche Butter
8 Eier
250 g Quark
50 g Leinsaat, gemahlen
50 g Mandeln, gemahlen
100 g Eiweißpulver, Vanille
1 Prise Salz
Süßstoff nach Geschmack

58

Zubereitung:
Ein Waffeleisen vorheizen und einfetten. Alle Teigzutaten miteinander vermischen. Löffelweise abbacken und genießen.

Marzipan Waffeln

Zutaten:
200 g weiche Butter
8 Eier
250 g Quark
50 g Leinsaat, gemahlen
50 g Mandeln, gemahlen
100 g Eiweißpulver, Vanille
1 Fläschchen Bittermandel Aroma
1 Prise Salz
Süßstoff nach Geschmack

Zubereitung:
Ein Waffeleisen vorheizen und einfetten. Alle
Teigzutaten miteinander vermischen. Löffelweise
abbacken und genießen.

Walnuss Waffeln

Zutaten:
200 g weiche Butter
8 Eier
250 g Quark
50 g Leinsaat, gemahlen
50 g Walnüsse, gemahlen
50 g Walnüsse, gehackt
100 g Eiweißpulver, Vanille
1 Prise Salz
Süßstoff nach Geschmack

Zubereitung:
Ein Waffeleisen vorheizen und einfetten. Alle
Teigzutaten miteinander vermischen. Löffelweise
abbacken und genießen.

Erdnussbutterplätzchen

Zutaten
150 g Erdnussbutter
1 Ei
10 g Flohsamenschalen, gemahlen
Mark einer Vanilleschote
Süßstoff nach Geschmack

Zubereitung

Alle Zutaten in eine Rührschüssel geben und mit dem Rührgerät eine Minute lang vermischen. Ein Backblech mit Backpapier belegen und mit zwei Löffeln kleine Portionen Teig abstechen. Die kleinen Häuflein auf das Backpapier setzen. Bei 200 Grad ca. 12 Minuten backen.

Mandelmus Plätzchen

Zutaten
150 g Mandelmus
1 Ei
10 g Flohsamenschalen, gemahlen
Mark einer Vanilleschote
Süßstoff nach Geschmack

Zubereitung
Alle Zutaten in eine Rührschüssel geben und mit dem
Rührgerät eine Minute lang vermischen. Ein Backblech
mit Backpapier belegen und mit zwei Löffeln kleine
Portionen Teig abstechen. Die kleinen Häuflein auf das
Backpapier setzen. Bei 200 Grad ca. 12 Minuten backen.

Schoko Cookies

Zutaten
150 g Mandeln gemahlen
120 g Butter
1 Ei
½ TL Natron
Süßstoff nach Geschmack
50 g Schokolade 85 % gehackt
1 Prise Salz
10 g Flohsamenschalen, gemahlen

Zubereitung
Alle Zutaten in eine Schüssel geben. Mit dem Rührgerät
gut durchkneten. Mit zwei Löffeln auf ein mit
Backpapier belegtes Blech Teighäufchen geben. Etwas
Abstand lassen, da die Cookies etwas auseinander laufen.
Bei 200 Grad 15 Minuten backen.

Orangen Schoko Cookies

Zutaten
150 g Mandeln gemahlen
120 g Butter
1 EL abgeriebene Schale einer Bio Orange
1 Ei
½ TL Natron
Süßstoff nach Geschmack
50 g Schokolade 85 % gehackt
1 Prise Salz
10 g Flohsamenschalen, gemahlen

Zubereitung
Alle Zutaten in eine Schüssel geben. Mit dem Rührgerät gut durchkneten. Mit zwei Löffeln auf ein mit Backpapier belegtes Blech Teighäufchen geben. Etwas Abstand lassen, da die Cookies etwas auseinander laufen. Bei 200 Grad 15 Minuten backen.

Gebrannte Mandeln

250 g Mandeln
1 Eiweiß
1 EL Lebkuchengewürz
Süßstoff nach Geschmack

Zubereitung
Eiweiß, Gewürz und Süßstoff in eine Schüssel geben und
vermischen. Nun die Mandeln hinzufügen und darin
wälzen. Ein Backblech mit Backpapier auskleiden und
die Mandeln hinauf geben. Bei 200 Grad backen bis sie
knackig braun sind.

Marzipan Schoko Cookies

Zutaten
150 g Mandeln gemahlen
120 g Butter
1 Fläschchen Bittermandelaroma
1 Ei
½ TL Natron
Süßstoff nach Geschmack
50 g Schokolade 85 % gehackt
1 Prise Salz
10 g Flohsamenschalen, gemahlen

Zubereitung
Alle Zutaten in eine Schüssel geben. Mit dem Rührgerät
gut durchkneten. Mit zwei Löffeln auf ein mit
Backpapier belegtes Blech Teighäufchen geben. Etwas
Abstand lassen, da die Cookies etwas auseinander laufen.
Bei 200 Grad 15 Minuten backen.

Vanillewölkchen

Zutaten
50 g Butter weich
100 g Eiweißpulver neutral
2 EL Vanillearoma
3 EL Süßstoff flüssig
2 Eier
2 EL Sahne
½ TL Backpulver

Zubereitung
Die Zutaten in eine Schüssel füllen und mit dem
Rührgerät kräftig durchrühren. Den Teig für eine Stunde
in den Kühlschrank stellen. Ein Backblech mit
Backpapier auslegen. Aus dem Teig Kügelchen formen
und auf das Blech geben. Ca. 15 Minuten bei 200 Grad
backen.

Brownies

Zutaten
200 g Butter weich
80 g Kakaopulver zum Backen
Süßstoff nach Geschmack
4 Eier
150 g Mandeln gemahlen
10 g Flohsamenschalen, gemahlen

Zubereitung
Alle Zutaten in eine Schüssel geben und verrühren. Ein tiefes Blech mit Backpapier belegen und den Teig draufschütten. Ca. 20 Minuten bei 200 Grad backen und in Stücken schneiden. Wer möchte, kann noch eine Tafel Schokolade 85% schmelzen und die Brownies damit überziehen.

Mandel Cupcakes mit Vanille Häubchen

Zutaten

Teig
200 g Quark
50 g Butter
5 Eier
200 g gemahlene Mandeln
1 TL Backpulver
Süßstoff nach Geschmack

Frosting
100 g weiche Butter
100 g Frischkäse
Mark einer Vanilleschote
Süßstoff nach Geschmack

Zubereitung
Den Ofen auf 180 Grad Ober- und Unterhitze vorheizen.
Die Eier trennen und das Eiweiß steif schlagen. Nun das
geschlagene Eiweiß beiseite stellen. Die übrigen Zutaten
für den Teig in eine Schüssel geben und mit dem
Handrührgerät zu einem sämigen Teig vermischen. Das
Eiweiß unterheben. Ein Muffinblech mit Papierförmchen
auskleiden und jeweils bis zur Hälfte mit Teig füllen. Die
Muffins ca. 20 Minuten backen. Abkühlen lassen. Die
Zutaten für das Frosting in eine Schüssel geben und
vermischen. ½ Stunde im Kühlschrank stehen lassen.
Alles in einen Spritzbeutel füllen und hübsch auf die
Küchlein drapieren. Guten Appetit!

Schokoladen Himbeere Cupcakes

Zutaten

Teig
200 g Quark
50 g Butter
30 g Backkakao
5 Eier
200 g gemahlene Mandeln
1 TL Backpulver
Süßstoff nach Geschmack

Frosting
100 g weiche Butter
100 g Frischkäse
30 g Himbeeren, zerkleinert
1 Messerspitze Bindobin
Süßstoff nach Geschmack

Zubereitung
Den Ofen auf 180 Grad Ober- und Unterhitze vorheizen.
Die Eier trennen und das Eiweiß steif schlagen. Nun das
geschlagene Eiweiß beiseite stellen. Die übrigen Zutaten
für den Teig in eine Schüssel geben und mit dem
Handrührgerät zu einem sämigen Teig vermischen. Das
Eiweiß unterheben. Ein Muffinblech mit Papierförmchen
auskleiden und jeweils bis zur Hälfte mit Teig füllen. Die
Muffins ca. 20 Minuten backen. Abkühlen lassen. Die
Zutaten für das Frosting in eine Schüssel geben und
vermischen. ½ Stunde im Kühlschrank stehen lassen.
Alles in einen Spritzbeutel füllen und hübsch auf die
Küchlein drapieren. Guten Appetit!

Erdbeer Schmand Torte

Zutaten

Tortenboden
110 g flüssige Butter
120 ml Sahne
5 Eier
100 g Mandelmehl
Süßstoff nach Wahl
1 TL Backpulver
1/2 TL Natron
1 Prise Salz
1 Fläschchen Vanillearoma
1 TL Guarkernmehl

Creme
4 Becher Schmand
10 g. Gelatine
Süßstoff nach Geschmack
Mark einer Vanilleschote

Belag
500 g Erdbeeren

Zubereitung
Alle Zutaten für den Boden in eine Schüssel geben. Mit dem Handrührgerät zu einem sämigen Teig verrühren. Eine Backform einfetten und den Teig hineingeben. Bei 160 Grad Umluft ca. 30 Minuten backen.

Die Gelatine in ein Gefäß geben und in ca. 50 g Wasser (kalt) mindestens 10 Minuten quellen lassen. Die übrigen Zutaten für die Creme in eine Schüssel geben und verrühren. Die Gelatine in der Mikrowelle kurz erhitzen und unter die Creme rühren.

Den abgekühlten Boden durchschneiden und mit der Creme füllen. Die Erdbeeren waschen und in Scheiben schneiden. Auf den Kuchen verteilen.

Guten Appetit!

Saftige Kaffee Creme Torte

Zutaten

Tortenboden
110 g flüssige Butter
120 ml Sahne
5 Eier
100 g Mandelmehl
2 EL Backkakao
Süßstoff nach Wahl
1 TL Backpulver
1/2 TL Natron
1 Prise Salz

1 Fläschchen Vanillearoma
1 TL Guarkernmehl

Creme
800 g Sahne
10 g Gelatine
1 EL Backkakao
2 EL Instant Kaffee

1 Tafel Schokolade 85 % Kakao

Zubereitung
Alle Zutaten für den Boden in eine Schüssel geben. Mit
dem Handrührgerät zu einem sämigen Teig verrühren.
Eine Backform einfetten und den Teig hineingeben. Bei
160 Grad Umluft ca. 30 Minuten backen.

Die Gelatine in ein Gefäß geben und in ca. 50 g Wasser
(kalt) mindestens 10 Minuten quellen lassen. Die übrigen
Zutaten für die Creme in eine Schüssel geben und
verrühren. Die Gelatine in der Mikrowelle kurz erhitzen
und unter die Creme rühren.

Den abgekühlten Boden in 3 Scheiben durchschneiden
und mit der Creme füllen.

Die Schokolade schmelzen und auf die oberste
Tortenschicht geben.

Guten Appetit!

Sahne Schokoladen Torte

Zutaten

Tortenboden
110 g flüssige Butter
120 ml Sahne
5 Eier
100 g Mandelmehl
2 EL Backkakao
Süßstoff nach Wahl
1 TL Backpulver
1/2 TL Natron
1 Prise Salz
1 Fläschchen Vanillearoma
1 TL Guarkernmehl

Creme
800 g Sahne
10 g Gelatine
1 EL Backkakao, gestrichen

Zubereitung
Alle Zutaten für den Boden in eine Schüssel geben. Mit
dem Handrührgerät zu einem sämigen Teig verrühren.
Eine Backform einfetten und den Teig hineingeben. Bei
160 Grad Umluft ca. 30 Minuten backen.

Die Gelatine in ein Gefäß geben und in ca. 50 g Wasser
(kalt) mindestens 10 Minuten quellen lassen. Die übrigen
Zutaten für die Creme in eine Schüssel geben und
verrühren. Die Gelatine in der Mikrowelle kurz erhitzen
und unter die Creme rühren.

Den abgekühlten Boden in 3 Scheiben durchschneiden
und mit der Creme füllen.

Guten Appetit!

Heidelbeere Kokos Torte

Zutaten

Tortenboden
110 g flüssige Butter
140 ml Sahne
5 Eier
100 g Mandelmehl
50 g Kokosraspeln
Süßstoff nach Wahl
1 TL Backpulver
1/2 TL Natron

1 Prise Salz
1 Fläschchen Vanillearoma
1 TL Guarkernmehl

Creme
200 g weiche Butter
½ TL Guarkernmehl
600 g Frischkäse
Süßstoff nach Wahl
100 g Kokosraspeln
Heidelbeeren

Zubereitung
Alle Zutaten für den Boden in eine Schüssel geben. Mit dem Handrührgerät zu einem sämigen Teig verrühren. Eine Backform einfetten und den Teig hineingeben. Bei 160 Grad Umluft ca. 30 Minuten backen.

Die Zutaten für die Creme in eine Schüssel geben und verrühren.

Den abgekühlten Boden in3 Scheiben durchschneiden und mit der Creme füllen.

Guten Appetit!

Getränke

Erdbeer Smoothie

Zutaten
200 g Erdbeeren
300 g Sojamilch
100 g Mineralwasser
Saft einer Zitrone
Süßstoff nach Geschmack
10 Eiswürfel

Zubereitung
Alle Zutaten in den Mixer geben und fein pürieren.
Umfüllen und kalt stellen.

Beeren Smoothie

Zutaten
300 g gefrorene Beerenfrüchte
500 g Sojamilch
100 g Mineralwasser
Süßstoff nach Geschmack

Zubereitung
Alle Zutaten in den Mixer geben und fein pürieren.
Umfüllen und kalt stellen.

Heidelbeere Joghurt Smoothie

Zutaten
100 g Heidelbeeren
600 g Sojajoghurt
100 g Mineralwasser
Süßstoff nach Geschmack
10 Eiswürfel

Zubereitung
Alle Zutaten in den Mixer geben und fein pürieren.
Umfüllen und kalt stellen.

Bananen Smoothie

Zutaten
1 Banane, geschält
300 g Sojajoghurt
300 g Sojamilch
100 g Mineralwasser
Süßstoff nach Geschmack
10 Eiswürfel

Zubereitung
Alle Zutaten in den Mixer geben und fein pürieren.
Umfüllen und kalt stellen.

Macadamia Brownies

Zutaten
200 g Butter weich
80 g Kakaopulver zum Backen
Süßstoff nach Geschmack
4 Eier
150 g Macadamiamehl, entölt
ersatzweise Mandelmehl

100 g Macadamias

Zubereitung
Alle Zutaten in eine Schüssel geben und verrühren. Ein
tiefes Blech mit Backpapier belegen und den Teig
draufschütten. Ca. 20 Minuten bei 200 Grad backen und
in Stücken schneiden. Wer möchte, kann noch eine Tafel
Schokolade 85% schmelzen und die Brownies damit
überziehen.

Mandel Rum Brownies

Zutaten
200 g Butter weich
80 g Kakaopulver zum Backen
50 g Schokolade, zartbitter, gehackt
Süßstoff nach Geschmack
4 Eier
150 g Mandelnmehl
100 g Mandeln, ganz
50 g Rum
1 Fläschchen Rumaroma

Zubereitung
Alle Zutaten in eine Schüssel geben und verrühren. Ein tiefes Blech mit Backpapier belegen und den Teig draufschütten. Ca. 20 Minuten bei 200 Grad backen und in Stücken schneiden. Wer möchte, kann noch eine Tafel Schokolade 85% schmelzen und die Brownies damit überziehen.

Himbeere Macarons

Zutaten

Teig
45 g fein gemahlene Mandeln
70 g fein gemahlener Xucker
36 g geschlagenes Eiweiß
Lebensmittelfarbe

Füllung
100 g Butter, weich
Süßstoff nach Geschmack
30 g Low Carb Himbeermarmelade
oder pürierte Himbeeren

Zubereitung
Den Ofen auf 150 Grad Ober- und Unterhitze vorheizen.
Alle Zutaten für den Teig in eine Schüssel geben und
vorsichtig mischen. Mischung in einen Spritzbeutel
füllen und kleine Häufchen auf eine Macarons Matte
geben. Ca. 12 bis 15 Minuten backen. Die Macarons
Schalen abkühlen lassen. Nun die Zutaten für die Füllung
in eine Schüssel geben und verrühren. Die Schalen damit
füllen. Guten Appetit!

Bananen Macarons

Zutaten

Teig
45 g fein gemahlene Mandeln
70 g fein gemahlener Xucker
36 g geschlagenes Eiweiß
Lebensmittelfarbe

Füllung
100 g Butter, weich
Süßstoff nach Geschmack
½ zerstampfte Banane

Zubereitung
Den Ofen auf 150 Grad Ober- und Unterhitze vorheizen.
Alle Zutaten für den Teig in eine Schüssel geben und
vorsichtig mischen. Mischung in einen Spritzbeutel
füllen und kleine Häufchen auf eine Macarons Matte
geben. Ca. 12 bis 15 Minuten backen. Die Macarons
Schalen abkühlen lassen. Nun die Zutaten für die Füllung
in eine Schüssel geben und verrühren. Die Schalen damit
füllen. Guten Appetit!

Oster Zopf

Zutaten
200 ml Sahne
150 g Mandelmehl
150 g Gluten
30 g Butter
50 g Eiweißpulver
2 Eier
1 Würfel frische Hefe
1 kleine Prise Zucker
100 ml warmes Wasser (40 Grad)
1 TL Salz

Etwas Sesam zum Bestreuen

Zubereitung
Das Wasser zusammen mit der Hefe und den Zucker in eine Schüssel geben und vermischen. Nun die restlichen Zutaten hinzufügen und mit dem Handrührgerät auf höchster Stufe vermengen. Den Teig eine Stunde gehen lassen. Zu einem Zopf flechten und bei 180 Grad Ober und Unterhitze ca. 50 Minuten backen. Guten Appetit!

Oster Herzen

Zutaten
4 Eier
250 g gemahlene Mandeln
50 g Butter
Süßstoff nach Geschmack
2 Fläschchen Zitronenaroma
1 TL Zitronenschale gerieben

Eventuell etwas dunkle Schokolade als Verzierung

Zubereitung
Alles zusammen in eine Schüssel geben und mit dem
Handrührgerät zu einer homogenen Masse verarbeiten.
Kekse ausstechen und auf ein Backblech geben. Alles bei
180 Grad ca. 15 bis 18 Minuten backen. Nach dem
Erkalten etwas Schokolade schmelzen und die Kekse
verzieren.

Zitronen Plätzchen

Zutaten
500 g Quark mager
abgeriebene Schale einer Bio Zitrone
2 EL Zitronensaft
12 EL Öl
2 EL flüssiger Süßstoff
3 Eier
Mark einer Vanilleschote
550 g sehr fein gemahlene
Mandeln oder Mandelmehl
50 g grob gehackte Mandeln
1 Pck. Backpulver
9 EL flüssige Sahne

Zubereitung
Alle Zutaten in eine Schüssel geben und mit dem
Rührgerät ca. 2 Minuten zu einem Teig kneten. Auf einer
Arbeitsfläche etwas Mandelmehl streuen und den Teig
darauf ausrollen. Plätzchen ausstechen und auf ein mit
Backpapier ausgelegtes Blech geben. Die Kekse dann bei
200 Grad ca. 15 Minuten backen.

Schoko Plätzchen

Zutaten
500 g Quark mager
2 EL Backkakao
50 g zerbröckelte Schokolade
(mindestens 85 % Schokolade
nehmen)
12 EL Öl
2 EL flüssiger Süßstoff
3 Eier
Mark einer Vanilleschote
550 g sehr fein gemahlene
Mandeln oder Mandelmehl
50 g grob gehackte Mandeln
1 Pck. Backpulver
9 EL flüssige Sahne

Zubereitung

Alle Zutaten in eine Schüssel geben und mit dem Rührgerät ca. 2 Minuten zu einem Teig kneten. Auf einer Arbeitsfläche etwas Mandelmehl streuen und den Teig darauf ausrollen. Plätzchen ausstechen und auf ein mit Backpapier ausgelegtes Blech geben. Die Kekse dann bei 200 Grad ca. 15 Minuten backen.

Vanille Taler

Zutaten
50 g Butter weich
100 g Eiweißpulver neutral
2 EL Vanillearoma
3 EL Süßstoff flüssig
2 Eier
2 EL Sahne
½ TL Backpulver

Zubereitung
Die Zutaten in eine Schüssel füllen und mit dem
Rührgerät kräftig durchrühren. Den Teig für eine Stunde
in den Kühlschrank stellen. Ein Backblech mit
Backpapier auslegen. Aus dem Teig Kügelchen formen
und auf das Blech geben. Ca. 15 Minuten bei 200 Grad
backen.

Orangen Taler

Zutaten
50 g Butter weich
100 g Eiweißpulver neutral
2 EL Vanillearoma
1 EL Orangenschale, gemahlen
2 EL Orangensaft
3 EL Süßstoff flüssig
2 Eier
2 EL Sahne
½ TL Backpulver

Zubereitung
Die Zutaten in eine Schüssel füllen und mit dem
Rührgerät kräftig durchrühren. Den Teig für eine Stunde
in den Kühlschrank stellen. Ein Backblech mit
Backpapier auslegen. Aus dem Teig Kügelchen formen
und auf das Blech geben. Ca. 15 Minuten bei 200 Grad
backen.

Cantuccini

Zutaten
150 g gemahlene Mandeln
Süßstoff nach Geschmack
70 g weiche Butter
2 Eier
1 Fläschchen Vanille Backöl
1 TL Backpulver
5 g Guarkernmehl

1 Prise Salz
100 g gehackte Mandeln

Zubereitung
Den Ofen auf 180 Grad Ober und Unterhitze vorheizen.
Alle Zutaten in eine Schüssel geben und vermischen. Ein
Backblech mit Backpapier auslegen und den Teig darauf
verstreichen. Ca. 20 Minuten backen. Herausnehmen und
in Stücke schneiden. Die Scheiben umdrehen und
nochmals 10 Minuten nachbacken. Damit sie schön
knusprig bleiben in eine Dose aufbewahren.

Kokos Kuchen

Zutaten
200 g weiche Butter
50 g Sahne
100g gemahlene Mandeln
100g Eiweißpulver
150 g Kokosraspeln
3 Eier
Süßstoff nach Geschmack
2 TL Backpulver
Mark einer Vanille Schote

Zubereitung
Den Backofen bei Ober und Unterhitze auf 180 Grad
vorheizen. Eine Kuchen Backblech entweder gut
einfetten, oder mit Backpapier auskleiden. Alle Zutaten
in eine Schüssel geben und mit dem Rührgerät zu einem
sämigen Teig vermengen. Den Teig in die Form schütten
und ca. 1 Stunde backen.

Käsekuchen

Zutaten
1 kg Magerquark
Süßstoff nach Geschmack
8 Eier, getrennt
Mark einer Vanille Schote
1 EL Zitronensaft
1 Pck. Vanille Puddingpulver
1 Pck. Backpulver

Zubereitung

Die Eier trennen und das Eiweiß aufschlagen. Nun das Eiweiß beiseite stellen. Die übrigen Zutaten in eine Schüssel geben und mit dem Handrührgerät kräftig vermengen. Das Eiweiß vorsichtig unterheben. Nun die Masse entweder in eine Silikon-Backform füllen, oder eine Backform mit Backpapier auskleiden und dann die Masse hinein geben. Bei 180 Grad Ober und Unterhitze ca. 1 Stunde backen.

Käse Erdbeer Kuchen

Zutaten
1 kg Magerquark
Süßstoff nach Geschmack
8 Eier, getrennt
Mark einer Vanille Schote
1 EL Zitronensaft
1 Pck. Vanille Puddingpulver
150 g Erdbeeren
1 Pck. Backpulver

Zubereitung
Die Eier trennen und das Eiweiß aufschlagen. Nun das
Eiweiß beiseite stellen. Die übrigen Zutaten in eine
Schüssel geben und mit dem Handrührgerät kräftig
vermengen. Das Eiweiß vorsichtig unterheben. Nun die
Masse entweder in eine Silikon-Backform füllen, oder
eine Backform mit Backpapier auskleiden und dann die
Masse hinein geben. Bei 180 Grad Ober und Unterhitze
ca. 1 Stunde backen.

Beschwipster Kuchen

Zutaten
200 g weiche Butter
150 g gemahlene Mandeln
110 g Eiweißpulver
30 g Rum
20 g klarer Schnaps
1 Fläschchen Rumaroma
70 g gemahlene Haselnüsse
3 Eier
Süßstoff nach Geschmack
2 TL Backpulver
Mark eine Vanille Schote

Zubereitung
Den Backofen bei Ober und Unterhitze auf 180 Grad
vorheizen. Eine Kuchen Backform entweder gut einfetten,
oder mit Backpapier auskleiden. Alle Zutaten in eine
Schüssel geben und mit dem Rührgerät zu einem
sämigen Teig vermengen. Den Teig in die Form schütten
und ca. 1 Stunde backen.

Frühstücks Pfannkuchen

Zutaten
150 g Mandelmehl
2 Eier
80 ml Soja Milch
1 Prise Salz
Süßstoff nach Geschmack

Zubereitung
Alle Zutaten in eine Schüssel geben und miteinander
vermischen. Kokosöl oder anderes Öl in eine Pfanne

erhitzen und nach und nach die Pfannkuchen abbacken.
Guten Appetit!

Mandelbrot

Zutaten
300 g Magerquark
100 g Mandeln gemahlen
100 g Leinsamen gemahlen
20 g Butter
5 EL Weizenspeisekleie
8 Eier
1 TL Salz
1 Pck. Backpulver
2 EL Sonnenblumenkerne

Ein paar Mandeln zum Dekorieren

Zubereitung
Alle Zutaten außer den Sonnenblumenkernen in eine
Schüssel geben und vermengen. Eine Kastenform mit
Backpapier auskleiden und den Teig hinein geben. Mit
den Sonnenblumenkernen bestreuen und in den Ofen
schieben. Bei 180 Grad ca. 1 Stunde backen.

Oster Quarkbrot

Zutaten
4 Eier
200 g Quark
120 g weiße Mandeln gemahlen
1 EL Natron
1 TL Salz

Zubereitung
Alle Zutaten miteinander vermengen und in eine
Mikrowellen geeignete Form geben. Bei 800 Watt ca. 6
Minuten garen.

Schokoladen Zitronen Cupcakes

Zutaten

Teig
200 g Quark
50 g Butter
30 g Backkakao
5 Eier
200 g gemahlene Mandeln
1 TL Backpulver
Süßstoff nach Geschmack

Frosting
100 g weiche Butter
100 g Frischkäse
1 EL abgeriebene Schale
einer Bio Zitrone
1 EL Zitronensaft
Süßstoff nach Geschmack

Zubereitung
Den Ofen auf 180 Grad Ober- und Unterhitze vorheizen.
Die Eier trennen und das Eiweiß steif schlagen. Nun das
geschlagene Eiweiß beiseite stellen. Die übrigen Zutaten
für den Teig in eine Schüssel geben und mit dem
Handrührgerät zu einem sämigen Teig vermischen. Das
Eiweiß unterheben. Ein Muffinblech mit Papierförmchen
auskleiden und jeweils bis zur Hälfte mit Teig füllen. Die
Muffins ca. 20 Minuten backen. Abkühlen lassen. Die
Zutaten für das Frosting in eine Schüssel geben und
vermischen. ½ Stunde im Kühlschrank stehen lassen.
Alles in einen Spritzbeutel füllen und hübsch auf die
Küchlein drapieren. Guten Appetit!

Schokoladen Himbeere Cupcakes

Zutaten

Teig
200 g Quark
50 g Butter
30 g Backkakao
5 Eier
200 g gemahlene Mandeln
1 TL Backpulver
Süßstoff nach Geschmack

Frosting
100 g weiche Butter
100 g Frischkäse
30 g Himbeeren, zerkleinert
1 Messerspitze Bindobin
Süßstoff nach Geschmack

Zubereitung
Den Ofen auf 180 Grad Ober- und Unterhitze vorheizen.
Die Eier trennen und das Eiweiß steif schlagen. Nun das
geschlagene Eiweiß beiseite stellen. Die übrigen Zutaten
für den Teig in eine Schüssel geben und mit dem
Handrührgerät zu einem sämigen Teig vermischen. Das
Eiweiß unterheben. Ein Muffinblech mit Papierförmchen
auskleiden und jeweils bis zur Hälfte mit Teig füllen. Die
Muffins ca. 20 Minuten backen. Abkühlen lassen. Die
Zutaten für das Frosting in eine Schüssel geben und
vermischen. ½ Stunde im Kühlschrank stehen lassen.
Alles in einen Spritzbeutel füllen und hübsch auf die
Küchlein drapieren. Guten Appetit!

Kokos Cupcakes

Zutaten

Teig
200 g Quark
50 g Butter
5 Eier
200 g Kokosflocken
1 TL Backpulver
Süßstoff nach Geschmack

Frosting
100 g weiche Butter
100 g Frischkäse
50 g Kokosflocken
Mark einer Vanilleschote
Süßstoff nach Geschmack

Zubereitung
Den Ofen auf 180 Grad Ober- und Unterhitze vorheizen.
Die Eier trennen und das Eiweiß steif schlagen. Nun das
geschlagene Eiweiß beiseite stellen. Die übrigen Zutaten
für den Teig in eine Schüssel geben und mit dem
Handrührgerät zu einem sämigen Teig vermischen. Das
Eiweiß unterheben. Ein Muffinblech mit Papierförmchen
auskleiden und jeweils bis zur Hälfte mit Teig füllen. Die
Muffins ca. 20 Minuten backen. Abkühlen lassen. Die
Zutaten für das Frosting in eine Schüssel geben und
vermischen. ½ Stunde im Kühlschrank stehen lassen.
Alles in einen Spritzbeutel füllen und hübsch auf die
Küchlein drapieren. Guten Appetit!

Blaubeere Cupcakes mit Vanille Häubchen

Zutaten

Teig
200 g Quark
50 g Butter
5 Eier
200 g gemahlene Mandeln
50 g Blaubeeren, gefroren oder frisch
1 TL Backpulver
Süßstoff nach Geschmack

Frosting
100 g weiche Butter
100 g Frischkäse
Mark einer Vanilleschote
Süßstoff nach Geschmack

Zubereitung
Den Ofen auf 180 Grad Ober- und Unterhitze vorheizen.
Die Eier trennen und das Eiweiß steif schlagen. Nun das
geschlagene Eiweiß beiseite stellen. Die übrigen Zutaten
für den Teig in eine Schüssel geben und mit dem
Handrührgerät zu einem sämigen Teig vermischen. Das
Eiweiß unterheben. Ein Muffinblech mit Papierförmchen
auskleiden und jeweils bis zur Hälfte mit Teig füllen. Die
Muffins ca. 20 Minuten backen. Abkühlen lassen. Die
Zutaten für das Frosting in eine Schüssel geben und
vermischen. ½ Stunde im Kühlschrank stehen lassen.
Alles in einen Spritzbeutel füllen und hübsch auf die
Küchlein drapieren. Guten Appetit!